ORATIONES
Ecclesiæ catholicæ

LIBRERIA
EDITRICE
VATICANA

I reimpressio 2003

II reimpressio 2020

IMPRIMATUR

Vergilius Card. Noè
Archipr. Patr. Basilica, Vaticana,
Vicarius Generalis pro Civitate Vaticana

E Vicariatu Civitatis Vaticana,
d. XV m. Marcii a. MCMXCVII

ISBN 978-8-8266-0474-9

Orationes fidei christianæ

Signum sanctæ crucis

In nómine Patris et Fílii et Spíritus Sancti. Amen.

Invitatio ad laudem Dei

℣. Dómine, lábia mea apéries.

℟. Et os meum annuntiábit laudem tuam.

℣. Deus, in adiutórium meum inténde.

℟. Dómine, ad adiuvándum me festína.

℣. Glória Patri, et Fílio, et Spirítui Sancto.

℟. Sicut erat in princípio, et nunc et semper et in sǽcula sæculórum. Amen.

Oratio dominica

Pater noster, qui es in cælis: sanctificétur nomen tuum; advéniat regnum tuum; fiat volúntas tua, sicut in cælo, et in terra.
Panem nostrum cotidiánum da nobis hódie; et dimítte nobis débita nostra, sicut et nos dimíttimus debitóribus nostris; et ne nos indúcas in tentatiónem; sed líbera nos a malo. Amen.

Salutatio angelica

Ave, María, grátia plena: Dóminus tecum: benedícta tu in muliéribus, et benedíctus fructus ventris tui, Iesus. Sancta María, Mater Dei, ora pro nobis peccatóribus, nunc et in hora mortis nostræ. Amen.

Symbolum apostolorum

Credo in Deum Patrem omnipoténtem, Creatórem cæli et terræ; et in Iesum Christum, Fílium eius únicum, Dóminum nostrum, qui concéptus est de Spíritu Sancto, natus ex María Vírgine, passus sub Póntio Piláto, crucifíxus, mórtuus et sepúltus: descéndit ad ínferos: tértia die resurréxit a mórtuis: ascéndit ad cælos, sedet ad déxteram Dei Patris omnipoténtis: inde ventúrus est iudicáre vivos et mórtuos. Credo in Spíritum Sanctum, sanctam Ecclésiam cathólicam, sanctórum communiónem, remissiónem peccatórum, carnis resurrectiónem, vitam ætérnam. Amen.

Salve Regina

Salve, Regína, mater misericórdiæ; vita, dulcédo et spes nostra, salve. Ad te clamámus, éxsules fílii Evæ. Ad te suspirámus geméntes et flentes in hac lacrimárum valle. Eia ergo, advocáta nostra, illos tuos misericórdes óculos ad nos convérte. Et Iesum, benedíctum fructum ventris tui, nobis post hoc exsílium osténde. O clemens, o pia, o dulcis Virgo María.

Angele Dei

Ángele Dei, qui custos es mei, me tibi commíssum pietáte supérna illúmina, custódi, rege et gubérna. Amen.

Requiem æternam

Réquiem ætérnam dona eis, Dómine, et lux perpétua lúceat eis. Requiéscant in pace. Amen.

Benedictio mensae

Bénedic, Dómine, nos, et hæc tua dona, quæ de tua largitáte sumus sumptúri. Per Christum Dóminum nostrum.

℟. Amen.

Ante prandium

℣. Mensæ cæléstis partícipes fáciat nos Rex ætérnæ glóriæ.

℟. Amen.

Ante cenam

℣. Ad cenam vitæ ætérnæ perdúcat nos Rex ætérnæ glóriæ.

℟. Amen.

Post prandium vel cenam

Ágimus tibi grátias, omnípotens Deus, pro univérsis benefíciis tuis: Qui vivis et regnas in sǽcula sæculórum.

℟. Amen.

℣. Deus det nobis suam pacem.

℟. Et vitam ætérnam. Amen.

Gratiarum actio

Actiónes nostras, quǽsumus, Dómine, aspirándo prǽveni, et adiuvándo proséquere, ut cuncta nostra operátio a te semper incípiat, et per te cœpta finiátur. Per Christum Dóminum nostrum. Amen.

Ave María, etc.

Ágimus tibi grátias, omnípotens Deus, pro univérsis benefíciis tuis: qui vivis et regnas in sǽcula sæculórum. Amen.

Ave María, etc.

Retribuere dignare, Domine

Retribúere dignáre, Dómine, ómnibus nobis bona faciéntibus propter nomen tuum vitam ætérnam. Amen.

Oremus pro Pontifice

℣. Orémus pro Pontífice nostro Ioánne Paulo secúndo.

℟. Dóminus consérvet eum, et vivíficet eum, et beátum fáciat eum in terra, et non tradat eum in ánimam inimicórum eius.

Psalmus 129

De profúndis clamávi ad te, Dómine; *
  Dómine, exáudi vocem meam.
Fiant aures tuæ intendéntes *
  in vocem deprecatiónis meæ.
Si iniquitátes observáveris, Dómine, *
  Dómine, quis sustinébit?
Quia apud te propitiátio est, *
  ut timeámus te.
Sustínui te, Dómine, *
  sustínuit ánima mea in verbo eius;
sperávit ánima mea in Dómino, *
  magis quam custódes auróram.
Magis quam custódes auróram *
  speret Israël in Dómino,
quia apud Dóminum misericórdia, *
  et copiósa apud eum redémptio.
Et ipse rédimet Israël *
  ex ómnibus iniquitátibus eius.

℣. Réquiem ætérnam dona eis, Dómine.

℟. Et lux perpétua lúceat eis.

℣. A porta ínferi.

℟. Érue, Dómine, ánimas eórum.

℣. Requiéscant in pace.

℟. Amen.

℣. Dómine, exáudi oratiónem meam.

℟. Et clamor meus ad te véniat.

Orémus

Fidélium Deus ómnium Cónditor et Redémptor: animábus famulórum famularúmque tuárum remissiónem cunctórum tríbue peccatórum; ut indulgéntiam, quam semper optavérunt, piis supplicatiónibus consequántur. Qui vivis et regnas in sǽcula sæculórum.

℟. Amen.

℣. Réquiem ætérnam dona eis, Dómine.

℟. Et lux perpétua lúceat eis.

℣. Requiéscant in pace.

℟. Amen.

Psalmus 50

Miserére mei, Deus, *
    secúndum misericórdiam tuam;
et secúndum multitúdinem miseratiónum tuárum *
    dele iniquitátem meam.
Ámplius lava me ab iniquitáte mea, *
    et a peccáto meo munda me.
Quóniam iniquitátem meam ego cognósco, *
    et peccátum meum contra me est semper.
Tibi, tibi soli peccávi, *
    et malum coram te feci,
ut iustus inveniáris in senténtia tua *
    et æquus in iudício tuo.

8

Ecce enim in iniquitáte generátus sum, *
    et in peccáto concépit me mater mea.
Ecce enim veritátem in corde dilexísti *
    et in occúlto sapiéntiam manifestásti mihi.
Aspérges me hyssópo, et mundábor; *
    lavábis me, et super nivem dealbábor.
Audíre me fácies gáudium et lætítiam, *
    et exsultábunt ossa, quæ contrivísti.
Avérte fáciem tuam a peccátis meis, *
    et omnes iniquitátes meas dele.
Cor mundum crea in me, Deus, *
    et spíritum firmum ínnova in viscéribus meis.
Ne proícias me a fácie tua, *
    et spíritum sanctum tuum ne áuferas a me.
Redde mihi lætítiam salutáris tui, *
    et spíritu promptíssimo confírma me.
Docébo iníquos vias tuas, *
    et ímpii ad te converténtur.
Líbera me de sanguínibus, Deus, Deus salútis meæ, *
    et exsultábit lingua mea iustítiam tuam.
Dómine, lábia mea apéries, *
    et os meum annuntiábit laudem tuam.
Non enim sacrifício delectáris, *
    holocáustum, si ófferam, non placébit.
Sacrifícium Deo spíritus contribulátus, *
    cor contrítum et humiliátum, Deus, non despícies.
Benígne fac, Dómine, in bona voluntáte tua Sion, *
    ut ædificéntur muri Ierúsalem.
Tunc acceptábis sacrifícium iustítiæ,
    oblatiónes et holocáusta; *
tunc impónent super altáre tuum vítulos.

Adoro te devote

Adóro te devóte, latens Déitas,
quæ sub his figúris vere látitas:
tibi se cor meum totum súbicit,
quia, te contémplans, totum déficit.

Visus, tactus, gustus, in te fállitur;
sed audítu solo tuto créditur.
Credo quidquid dixit Dei Fílius:
nil hoc verbo Veritátis vérius.

In cruce latébat sola Déitas;
sed hic latet simul et humánitas.
Ambo tamen credens atque cónfitens
peto quod petívit latro pǽnitens.

Plagas, sicut Thomas, non intúeor;
Deum tamen meum te confíteor.
Fac me tibi semper magis crédere,
in te spem habére, te dilígere.

O memoriále mortis Dómini,
panis vivus vitam præstans hómini,
præsta meæ menti de te vívere,
et te illi semper dulce sápere.

Pie pellicáne, Iesu Dómine,
me immúndum munda tuo sánguine,
cuius una stilla salvum fácere
totum mundum quit ab omni scélere.

Iesu, quem velátum nunc aspício,
oro, fiat illud quod tam sítio,
ut, te reveláta cernens fácie,
visu sim beátus tuæ glóriæ. Amen.

Pange, lingua

Pange, lingua, gloriósi
córporis mystérium,
sanguinísque pretiósi,
quem in mundi prétium
fructus ventris generósi
Rex effúdit géntium.

Verbum caro panem verum
verbo carnem éfficit,
fitque sanguis Christi merum,
et, si sensus déficit,
ad firmándum cor sincérum
sola fides súfficit.

Nobis datus, nobis natus
ex intácta Vírgine,
et in mundo conversátus,
sparso Verbi sémine,
sui moras incolátus
miro clausit órdine.

Tantum ergo sacraméntum
venerémur cérnui,
et antíquum documéntum
novo cedat rítui;
præstet fides suppleméntum
sénsuum deféctui.

In suprémæ nocte cenæ
recúmbens cum frátribus,
observáta lege plene
cibis in legálibus,
cibum turbæ duodénæ
se dat suis mánibus.

Genitóri Genitóque
laus et iubilátio,
salus, honor, virtus quoque
sit et benedíctio;
procedénti ab utróque
compar sit laudátio. Amen.

℣. Panem de cælo præstitísti eis (T.P.: Allelúia).

℟. Omne delectaméntum in se habéntem (Allelúia).

Oremus

Deus, qui nobis sub Sacraménto mirábili Passiónis tuæ memóriam reliquísti: tríbue, quǽsumus, ita nos Córporis et Sánguinis tui sacra mystéria venerári, ut redemptiónis tuæ fructum in nobis iúgiter sentiámus: Qui vivis et regnas in sǽcula sæculórum. Amen.

O sacrum Convivium

O sacrum convívium
in quo Christus súmitur,
recólitur memória
passiónis eius,

mens implétur grátia
et futúræ glóriæ
nobis pignus datur.

O salutaris Hostia

O salutáris Hóstia,
quae cæli pandis óstium,
bella premunt hostília,
da robur, fer auxílium.

Uni trinóque Dómino
sit sempitérna glória,
qui vitam sine término
nobis donet in pátria.
Amen.

Ave verum

Ave, verum Corpus, natum
de María Vírgine;
vere passum, immolátum
in Cruce pro hómine;
cuius latus perforátum
fluxit aqua et sánguine:

esto nobis prægustátum
mortis in exámine.
O Iesu dulcis,
o Iesu pie,
o Iesu, fili Maríæ!

Lauda Sion

Lauda, Sion, Salvatórem,
lauda ducem et pastórem
in hymnis et cánticis.
Quantum potes, tantum
    aude:
quia maior omni laude,
nec laudáre súfficis.
Laudis thema speciális,
panis vivus et vitális
hódie propónitur.
Quem, in sacræ mensa
    cenæ,
turbæ fratrum duodénæ
datum non ambígitur.
Sit laus plena, sit sonóra,
sit iucúnda, sit decóra
mentis iubilátio.
Dies enim sollémnis ágitur,
in qua mensæ prima recólitur
huius institútio.
In hac mensa novi Regis,
novum Pascha novæ legis,
phase vetus términat.
Vetustátem nóvitas,
umbram fugat véritas,
noctem lux elíminat.
Quod in cena Christus gessit,
faciéndum hoc expréssit
in sui memóriam.

Docti sacris institútis,
panem, vinum in salútis
consecrámus hóstiam.
Dogma datur christiánis,
quod in carnem transit panis,
et vinum in sánguinem.
Quod non capis, quod non
    vides,
animósa firmat fides,
præter rerum órdinem.
Sub divérsis speciébus,
signis tantum, et non rebus,
latent res exímiae.
Caro cibus, sanguis potus:
manet tamen Christus totus,
sub utráque spécie.
A suménte non concísus,
non confráctus, non divísus:
ínteger accípitur.
Sumit unus, sumunt mille:
quantum isti, tantum ille:
nec sumptus consúmitur.
Sumunt boni, sumunt mali:
sorte tamen inæquáli,
vitæ vel intéritus.
Mors est malis, vita bonis:
vide paris sumptiónis
quam sit dispar éxitus.
Fracto demum sacraménto,
ne vacílles, sed meménto,

tantum esse sub fragménto,
quantum toto tégitur.
Nulla rei fit scissúra:
signi tantum fit fractúra:
qua nec status nec statúra
signati minúitur.
Ecce panis Angelórum,
factus cibus viatórum:
vere panis filiórum,
non mitténdus cánibus.
In figúris præsignátur,
cum Isaac immolátur:
agnus Paschæ deputátur:
datur manna pátribus.
Bone pastor, panis vere,
Iesu, nostri miserére:
tu nos pasce, nos tuére:
tu nos bona fac vidére
in terra vivéntium.
Tu, qui cuncta scis et vales:
qui nos pascis hic mortáles:
tuos ibi commensáles,
coherédes et sodáles
fac sanctórum cívium. Amen.

Te Deum

Te Deum laudámus: * te Dóminum confitémur.
Te ætérnum Patrem, * omnis terra venerátur.
Tibi omnes ángeli, *
    tibi cæli et univérsæ potestátes:

tibi chérubim et séraphim *
    incessábili voce proclámant:

Sanctus, * Sanctus, * Sanctus *
    Dóminus Deus Sábaoth.

Pleni sunt cæli et terra * maiestátis glóriæ tuæ.
Te gloriósus * Apostolórum chorus
te prophetárum * laudábilis númerus,
te mártyrum candidátus * laudat exércitus.
Te per orbem terrárum *
    sancta confitétur Ecclésia,

Patrem * imménsæ maiestátis;

venerándum tuum verum * et únicum Fílium;
Sanctum quoque * Paráclitum Spíritum.
Tu rex glóriæ, * Christe.
Tu Patris * sempitérnus es Fílius.
Tu, ad liberándum susceptúrus hóminem, *
    non horruísti Vírginis úterum.

Tu, devícto mortis acúleo *
    aperuísti credéntibus regna cælórum.

Tu ad déxteram Dei sedes, * in glória Patris.
Iudex créderis * esse ventúrus.
Te ergo quæsumus, tuis fámulis súbveni *
    quos pretióso sánguine redemísti.

Ætérna fac cum sanctis tuis * in glória numerári.
Salvum fac pópulum tuum, Dómine, *
    et bénedic hereditáti tuæ.

Et rege eos, * et extólle illos usque in ætérnum.
Per síngulos dies * benedícimus te;
et laudámus nomen tuum in sǽculum *
    et in sǽculum sǽculi.

Dignáre, Dómine, die isto *
    sine peccáto nos custodíre.

Miserére nostri, Dómine, * miserére nostri.
Fiat misericórdia tua, Dómine, super nos, *
    quemádmodum sperávimus in te.

In te, Dómine, sperávi:
    non confúndar in ætérnum.

Veni, Sancte Spiritus

Veni, Sancte Spíritus,
et emítte cǽlitus
lucis tuæ rádium.

Veni, pater páuperum,
veni, dator múnerum,
veni, lumen córdium.

Consolátor óptime,
dulcis hospes ánimæ,
dulce refrigérium.

In labóre réquies,
in æstu tempéries,
in fletu solácium.

O lux beatíssima,
reple cordis íntima
tuórum fidélium.

Sine tuo númine,
nihil est in hómine,
nihil est innóxium.

Lava quod est sórdidum,
riga quod est áridum,
sana quod est sáucium.

Flecte quod est rígidum,
fove quod est frígidum,
rege quod est dévium.

Da tuis fidélibus,
in te confidéntibus,
sacrum septenárium.

Da virtútis méritum,
da salútis éxitum,
da perénne gáudium.

Veni, Creator

Veni, creátor Spíritus,
mentes tuórum vísita,
imple supérna grátia,
quæ tu creásti, péctora.

Qui díceris Paráclitus,
altíssimi donum Dei,
fons vivus, ignis, cáritas
et spiritális únctio.

Tu septifórmis múnere,
dígitus patérnæ déxteræ,
tu rite promíssum Patris
sermóne dítans gúttura.

Per te sciámus da Patrem
noscámus atque Fílium,
teque utriúsque Spíritum
credámus omni témpore.

Accénde lumen sénsibus,
infúnde amórem córdibus,
infírma nostri córporis
virtúte firmans pérpeti.

Deo Patri sit glória,
et Fílio, qui a mórtuis
surréxit, ac Paráclito,
in sæculórum sæcula.
Amen.

Hostem repéllas lóngius
pacémque dones prótinus;
ductóre sic te prævio,
vitémus omne nóxium.

Veni, Sancte Spiritus

Veni, Sancte Spíritus, reple tuórum corda fidélium,
et tui amóris in eis ignem accénde.

℣. Emítte Spíritum tuum et creabúntur.

℟. Et renovábis fáciem terræ.

Orémus.

Deus, qui corda fidélium Sancti Spíritus illustratióne
docuísti: da nobis in eódem Spíritu recta sápere; et
de eius semper consolatióne gaudére. Per Christum
Dóminum nostrum. Amen.

Angelus

℣. Ángelus Dómini nuntiávit Maríæ.

℟. Et concépit de Spíritu Sancto.
Ave, María.

℣. Ecce ancílla Dómini.

℟. Fiat mihi secúndum verbum tuum.
Ave, María.

℣. Et Verbum caro factum est.

℟. Et habitávit in nobis.
Ave, María.

℣. Ora pro nobis, sancta Dei Génetrix.

℟. Ut digni efficiámur promissiónibus Christi.

Orémus.

Grátiam tuam, quǽsumus, Dómine, méntibus nostris infúnde: ut qui, Ángelo nuntiánte, Christi Fílii tui incarnatiónem cognóvimus, per passiónem eius et crucem ad resurrectiónis glóriam perducámur. Per eúndem Christum Dóminum nostrum.

℟. Amen.

Regina cæli

℣. Regína cæli, lætáre, allelúia.

℟. Quia quem meruísti portáre, allelúia.

℣. Resurréxit, sicut dixit, allelúia.

℟. Ora pro nobis Deum, allelúia.

℣. Gaude et lætáre, Virgo María, allelúia.

℟. Quia surréxit Dóminus vere, allelúia.

Orémus.

Deus, qui per resurrectiónem Fílii tui, Dómini nostri Iesu Christi, mundum lætificáre dignátus es: præsta, quǽsumus, ut, per eius Genetrícem Vírginem Maríam, perpétuæ capiámus gáudia vitæ. Per eúndem Christum Dóminum nostrum.

℟. Amen.

Memorare

Memoráre, o piíssima Virgo María, non esse audítum a sǽculo quemquam ad tua curréntem præsídia, tua implorántem auxília, tua peténtem suffrágia esse derelíctum. Ego, tali animátus confidéntia, ad te, Virgo vírginum, Mater, curro; ad te vénio; coram te gemens peccátor adsísto. Noli, Mater Verbi, verba mea despícere, sed audi propítia et exáudi.

℟. Amen.

Rosarium Beatæ Mariæ Virginis

Est Rosarium certa precandi formula, qua viginti angelicarum salutationum decades, oratione dominica interiecta, distinguimus et ad earum singulas totidem nostræ reparationis mysteria pia meditatione recolimus. Tamen usu venit ut vocetur «Rosarium» etiam eiusdem quarta pars.

℣. Deus, in adiutórium meum inténde.

℟. Dómine, ad adiuvándum me festína.

Glória Patri, et Fílio, et Spirítui Sancto. Sicut erat in princípio, et nunc et semper, et in sǽcula sæculórum. Amen.

Mysteria gaudii (Feria II et Sabbato)

1. Sanctíssimæ Vírgini Maríæ Archángelus Gábriel núntiat Dei concéptum.
2. Virgo sanctíssima Deo feta vísitat Elísabeth.
3. Náscitur Salvátor in Béthlehem civitáte David.
4. Párvulus Salvátor offértur in templo Salomónis.
5. Doctóris officio fungens Iesus in templo reperítur.

Mysteria doloris (Feriis III et VI)

1. Agonízans Salvátor orat in horto sudóre manans sánguinis.
2. Vinctus Salvátor ad colúmnam flagellátur.
3. Deus spinis coronátur.
4. Báiulat crucem Salvátor morte condemnátus.
5. Cruci fígitur Salvátor in monte Calváriæ.

Mysteria gloriae (Feria IV et Dominica)

1. Resúrgens Salvátor a mórtuis, victor rédiit ab ínferis.
2. Ascéndit ad cælos, et ad déxteram Patris consídet triumphátor.
3. Salvátor mittit Spíritum Sanctum in discípulos.
4. María Virgo assúmpta est in cælum.
5. María Virgo duódecim stellis coronáta regnat in cælis.

Mysteria lucis (Feria V)

1. Iesus in Iordáne baptizátur.
2. In núptiis Canæ Iesus aquam in vinum convértit.
3. Iesus Regnum Dei núntiat et ad conversiónem hortátur.
4. In monte Thabor Iesus transfigurátur.
5. Iesus Eucharístiae Sacraméntum instítuit.

Oratio ad Beatam Virginem

Ave, sanctíssima María, mater Dei, Regína cæli, porta paradísi, dómina mundi. Tu es singuláris virgo pura. Tu concepísti Iesum sine peccáto. Tu peperísti creatórem et Salvatórem mundi, in quo nos non dubitámus. Ora pro nobis Iesum, tuum diléctum Fílium, ut líberet nos ab ómnibus malis. Amen.

Litaniæ Lauretanæ B. Mariæ Virginis

Kýrie, eléison.
Christe, eléison.
Kýrie, eléison.
Christe, audi nos.
Christe, exáudi nos.
Pater de cælis, Deus,
miserére nobis.
Fili, Redémptor mundi, Deus,
miserére nobis.
Spíritus Sancte, Deus,
miserére nobis.
Sancta Trínitas, unus Deus,
miserére nobis.

Sancta María,
ora pro nobis.
Sancta Dei Génetrix,
Sancta Virgo vírginum,
Mater Christi,
Mater Ecclésiæ,
Mater divínæ grátiæ,
Mater puríssima,
Mater castíssima,
Mater invioláta,
Mater intemeráta,
Mater amábilis,
Mater admirábilis,
Mater boni Consílii,
Mater Creatóris,
Mater Salvatóris,
Virgo prudentíssima,
Virgo veneránda,
Virgo prædicánda,

Virgo potens,
Virgo clemens,
Virgo fidélis,
Spéculum iustítiæ,
Sedes sapiéntiæ,
Causa nostræ lætítiæ,
Vas spirituále,
Vas honorábile,
Vas insígne devotiónis,
Rosa mýstica,
Turris davídica,
Turris ebúrnea,
Domus áurea,
Fœderis arca,
Iánua cæli,
Stella matutína
Salus infirmórum,
Refúgium peccatórum,
Consolátrix afflictórum,
Auxílium christianórum,
Regína Angelórum,
Regína Patriarchárum,
Regína Prophetárum,
Regína Apostolórum,
Regína Mártyrum,
Regína Confessórum,
Regína Vírginum,
Regína Sanctórum ómnium,
Regína sine labe origináli
  concépta,
Regína in cælum assúmpta,
Regína sacratíssimi Rosárii,
Regína famíliæ,
Regína Pacis.

Agnus Dei, qui tollis peccáta mundi,
parce nobis, Dómine
Agnus Dei, qui tollis peccáta mundi,
exáudi nos, Dómine.
Agnus Dei, qui tollis peccáta mundi,
miserére nobis.

Sub tuum præsídium confúgimus, sancta Dei Génetrix; nostras deprecatiónes ne despícias in necessitátibus, sed a perículis cunctis líbera nos, semper virgo gloriósa et benedícta.

℣. Ora pro nobis, sancta Dei Génetrix.

℟. Ut digni efficiámur promissiónibus Christi.

Orémus

Concéde nos fámulos tuos, quǽsumus, Dómine Deus, perpétua mentis et córporis sanitáte gaudére: et, gloriósa beátæ Maríæ semper Vírginis intercessióne, a præsénti liberári tristítia, et ætérna pérfrui lætítia. Per Christum Dóminum nostrum.

℟. Amen.

vel:

Grátiam tuam, quǽsumus Dómine, méntibus nostris infúnde: ut qui, Ángelo nuntiánte, Christi Fílii tui incarnatiónem cognóvimus, per passiónem eius et crucem ad resurrectiónis glóriam perducámur. Per eúndem Christum Dóminum nostrum.

℟. Amen.

vel:

eus, qui per resurrectiónem (cfr. p. 20).

Canticum Beatæ Mariæ Virginis

Magníficat *
    ánima mea Dóminum,
et exsultávit spíritus meus *
    in Deo salvatóre meo,
quia respéxit humilitátem ancíllæ suæ. *
    Ecce enim ex hoc beátam me dicent
omnes generatiónes,
quia fecit mihi magna, qui potens est, *
    et sanctum nomen eius,
et misericórdia eius in progénies et progénies *
    timéntibus eum.

Fecit poténtiam in brácchio suo, *
    dispérsit supérbos mente cordis sui;
depósuit poténtes de sede *
    et exaltávit húmiles;
esuriéntes implévit bonis *
    et dívites dimísit inánes.

Suscépit Israël púerum suum, *
    recordátus misericórdiæ suæ,
sicut locútus est ad patres nostros, *
    Ábraham et sémini eius in sæcula.

Maria, Mater gratiæ

María, Mater grátiæ
Mater misericórdiæ,
Tu me ab hoste prótege
et mortis hora súscipe.

Ave, Maris Stella

Ave, maris stella,
Dei mater alma,
atque semper virgo,
felix cæli porta.
Sumens illud «Ave»
Gabriélis ore,
funda nos in pace,
mutans Evæ nomen.
Solve vincla reis,
profer lumen cæcis,
mala nostra pelle,
bona cuncta posce.
Monstra te esse matrem,
sumat per te preces
qui pro nobis natus
tulit esse tuus.

Virgo singuláris,
inter omnes mitis,
nos culpis solútos
mites fac et castos.
Vitam præsta puram,
iter para tutum,
ut vidéntes Iesum
semper collætémur.
Sit laus Deo Patri,
summo Christo decus,
Spirítui Sancto
tribus honor unus.
Amen.

Orémus

Concéde nos fámulos tuos, quǽsumus, Dómine
Deus, perpétua mentis et córporis sanitáte gaudére,
et, gloriósa beátæ Maríæ semper Vírginis intercessióne, a præsénti liberári tristítia, et ætérna pérfrui lætítia.
Per Christum Dóminum nostrum. Amen.

Sancta Maria, succurre miseris

Sancta María, succúrre míseris, iuva pusillánimes, ré-
fove flébiles, ora pro pópulo, intérveni pro clero,
intercéde pro devóto femíneo sexu: séntiant omnes
tuum iuvámen, quicúmque célebrant tuam sanctam
commemoratiónem.

Alma Redemptóris Mater, quae pérvia cæli
porta manes, et stella maris, succúrre cadénti,
súrgere qui curat, pópulo: tu quæ genuísti,
natúra miránte, tuum sanctum Genitórem,
Virgo prius ac postérius, Gabriélis ab ore
sumens illud Ave, peccatórum miserére.

vel:

Ave, Regína cælórum,
ave, Dómina angelórum,
salve, radix, salve, porta,
ex qua mundo lux est orta.
Gaude, Virgo gloriósa,
super omnes speciósa;
vale, o valde decóra,
et pro nobis Christum exóra.

vel:

Ave, María, grátia plena, Dóminus tecum;
benedícta tu in muliéribus,
et benedíctus fructus ventris tui, Iesus.
Sancta María, Mater Dei, ora pro nobis
peccatóribus nunc et in hora mortis nostræ. Amen.

vel:

Sub tuum præsídium confúgimus,
sancta Dei Génetrix;
nostras deprecatiónes ne despícias in necessitátibus;
sed a perículis cunctis líbera nos semper,
Virgo gloriósa et benedícta.

vel:

Salve, Regína, mater misericórdiæ;
vita, dulcédo et spes nostra, salve.
Ad te clamámus, éxsules fílii Evæ.
Ad te suspirámus, geméntes et flentes
in hac lacrimárum valle.
Eia ergo, advocáta nostra,
illos tuos misericórdes óculos
ad nos convérte.
Et Iesum, benedíctum fructum ventris tui,
nobis post hoc exsílium osténde.
O clemens, o pia, o dulcis Virgo María.

vel:

Invioláta, íntegra, et casta es María:
Quæ es effécta fúlgida cæli porta.
O Mater alma Christi caríssima:
Súscipe pia laudum præcónia.
Te nunc flágitant devóta corda et ora:
Nostra ut pura péctora sint et córpora.
Tua per precáta dulcísona:
Nobis concédas véniam per sǽcula.
O benígna!
O Regína!
O María!
Quæ sola invioláta permansísti.

Adeámus cum fidúcia ad thronum glóriæ, ut miseri-
córdiam consequámur.
Adorámus te, Christe, et benedícimus tibi, quia per
sanctam Crucem tuam redemísti mundum.
Cor Iesu, in te confído.
Cor Iesu sacratíssimum et miséricors, dona nobis pa-
cem.
Cor Maríæ dulcíssimum, iter para tutum. Cor Maríæ
dulcíssimum, iter serva tutum. Credo, Dómine,
ádiuva incredulitátem meam! Christe, Fili Dei vi-
vi, miserére nobis.
Deus meus et ómnia.
Deus, propítius esto mihi peccatóri. Dómine, adáuge
nobis fidem!
Dómine, non sum dignus ut intres sub tectum meum,
sed tantum dic verbo, et sanábitur ánima mea.
Dómine, quid me vis fácere?
Dómine, si vis, potes me mundáre!
Dómine, tu ómnia scis, tu cognóscis quia amo te.
Dómine, ut vídeam!
Dóminus meus et Deus meus! Ecce ego, quia vocásti
me!
Ecce vénio, Dómine, fácere voluntátem tuam.
Iesu, María, Ioseph.
Iesu, Iesu, esto mihi semper Iesus. Illum opórtet
créscere, me autem mínui.
Laudétur et adorétur in ætérnum sanctíssimum Sacra-
méntum.

Mane nobíscum Dómine.
Mater mea, fidúcia mea.
Mater pulchræ Dilectiónis, fílios tuos ádiuva!
Mitte, Dómine, operários in messem tuam.
Monstra te esse Matrem!
Nunc cœpi!
Omnes cum Petro ad Iesum per Maríam!
Omnes Sancti et Sanctæ Dei, oráte pro nobis.
Ómnia in bonum.
Ómnia possum in eo, qui me confórtat.
Pater, in manus tuas comméndo spíritum meum.
Per ipsum, et cum ipso, et in ipso, est tibi Deo Patri omnipoténti, in unitáte Spíritus Sancti, omnis honor et glória.
Pie Iesu Dómine, dona eis réquiem.
Quia tu es, Deus, fortitúdo mea!
Sancta Dei Génetrix, semper Virgo María, intercéde pro nobis.
Sancta María, refúgium nostrum et virtus, ora pro nobis.
Sancta María, Spes nostra, Sedes sapiéntiæ, Ancílla Dómini, ora pro nobis.
Sancta María, Stella Oriéntis, fílios tuos ádiuva!
Sancte Ioseph, Pater et Dóminus, ora pro nobis.
Sancti Ángeli custódes nostri, oráte pro nobis.
Sérviam!
Tu es Christus, Fílius Dei vivi.
Vias tuas, Dómine, demónstra mihi.
Vultum tuum, Dómine, requíram.

Adsumus

Ádsumus, Dómine Sancte Spíritus, ádsumus peccáti quidem immanitáte deténti, sed in nómine tuo speciáliter congregáti.
Veni ad nos et esto nobíscum et dignáre illábi córdibus nostris.
Doce nos quid agámus, quo gradiámur et osténde quid effícere debeámus, ut, te auxiliánte, tibi in ómnibus placére valeámus.
Esto solus suggéstor et efféctor iudiciórum nostrórum, qui solus cum Deo Patre et eius Fílio nomen póssides gloriósum.
Non nos patiáris perturbatóres esse iustítiæ qui summam díligis æquitátem. Non in sinistrum nos ignorántia trahat, non favor infléctat, non accéptio múneris vel persónæ corrúmpat.
Sed iunge nos tibi efficáciter solíus tuæ grátiæ dono, ut simus in te unum et in nullo deviémus a vero; quátenus in nómine tuo collécti, sic in cunctis teneámus cum moderámine pietátis iustítiam, ut et hic a te in nullo disséntiat senténtia nostra et in futúrum pro bene gestis consequámur præmia sempitérna. Amen.

Anima Christi

Ánima Christi, sanctífica me.
Corpus Christi, salva me.
Sanguis Christi, inébria me.
Aqua láteris Christi, lava me.
Pássio Christi, confórta me.
O bone Iesu, exáudi me.
Intra tua vúlnera abscónde me.
Ne permíttas me separári a te.
Ab hoste malígno defénde me.
In hora mortis meæ voca me:
et iube me veníre ad te,
ut cum Sanctis tuis laudem te,
in sǽcula sæculórum. Amen.

En ego, o bone et dulcissime Iesu

En ego, o bone et dulcíssime Iesu, ante conspéctum tuum génibus me provólvo, ac máximo ánimi ardóre te oro atque obtéstor, ut meum in cor vívidos fídei, spei et caritátis sensus, atque veram peccatórum meórum pæniténtiam, eáque emendándi firmíssimam voluntátem velis imprímere; dum magno ánimi afféctu et dolóre tua quinque vúlnera mecum ipse consídero, ac mente contémplor, illud præ óculis habens, quod iam in ore ponébat tuo David Prophéta de te, o bone Iesu: « Fodérunt manus meas et pedes meos; dinumeravérunt ómnia ossa mea ».

Suscipe Domine

Súscipe, Dómine, univérsam meam libertátem. Áccipe memóriam, intelléctum atque voluntátem omnem. Quidquid hábeo vel possídeo, mihi largítus es: id tibi totum restítuo, ac tuæ prorsus voluntáti trado gubernándum. Amórem tui solum cum grátia tua mihi dones, et dives sum satis, nec áliud quidquam ultra posco.

Exaudi nos

Exáudi nos, Dómine sancte, Pater omnípotens, ætérne Deus: et míttere dignéris sanctum Ángelum tuum de cælis, qui custódiat, fóveat, prótegat, vísitet atque deféndat omnes habitántes in hoc habitáculo. Per Christum Dóminum nostrum. Amen.

Domine, Deus omnipotens

Dómine, Deus omnípotens, qui ad princípium huius diéi nos perveníre fecísti, tua nos hódie salva virtúte, ut in hac die ad nullum declinémus peccátum, sed semper ad tuam iustítiam faciéndam nostra procédant elóquia, dirigántur cogitatiónes et ópera. Per Christum Dóminum nostrum. Amen.

Visita, quæsumus, Domine

Vísita, quæsumus, Dómine, habitatiónem istam, et omnes insídias inimíci ab ea longe repélle, ángeli tui sancti hábitent in ea, qui nos in pace custódiant; et benedíctio tua sit super nos semper. Per Christum Dóminum nostrum. Amen.

Pro christianorum unitate oratio

Omnípotens et miséricors Deus, qui diversitátem géntium in unum pópulum per Fílium tuum adunáre voluísti, concéde propítius ut qui christiáno nómine gloriántur, quálibet divisióne reiécta, unum sint in veritáte et caritáte, et omnes hómines, veræ fídei lúmine illustráti, in unam Ecclésiam fratérna communióne convéniant. Per Christum Dóminum nostrum. Amen.

Sancti Apostoli Petre et Paule

Sancti Apóstoli Petre et Paule, intercédite pro nobis. Prótege, Dómine, pópulum tuum et Apostolórum tuórum Petri et Pauli patrocínio confidéntem, perpétua defensióne consérva. Per Christum Dóminum nostrum. Amen.

Index